Cayetano de Cabrera y Quintero

Empeños de la casa de la sabiduría

Barcelona **2024**
Linkgua-ediciones.com

Créditos

Título original: Empeños de la casa de la sabiduría.

© 2024, Red ediciones S.L.

e-mail: info@Linkgua-ediciones.com

Diseño de cubierta: Michel Mallard.

ISBN rústica: 978-84-9816-152-6.
ISBN ebook: 978-84-9897-642-7.

Sumario

Brevísima presentación

La vida
Cayetano de Cabrera y Quintero (Ciudad de México, 1698-1775). México. Se sabe muy poco de su vida, aunque escribió testimonios valiosos para la comprensión de la historia de México. Doctor en derecho por la Real y Pontificia Universidad, en 1730 fue capellán de pajes del virrey y del arzobispo. Tradujo obras del latín, griego y hebreo.
Nació y murió en la ciudad de México.

Empeños de la casa de la sabiduría es una obra clásica del teatro mexicano del siglo XVIII.

Personajes

Minerva
La Erudición
El Arte
Música

Empeños de la casa de la sabiduría

Música (Dentro.)   ¡Ah del Arte y sus primores!
                            Venid a la torre, venid al alcázar
                            en cuya obra, empeñada Minerva
                            casa edifica y solida murallas;
                            y, pues se empeña en su fábrica altiva,
                            venid, venid a desempeñarla.

(Sale el Arte, galán, con algunos instrumentos de arquitectura.)

Arte   ¿Quién con el sonoro acento
                            de métricas consonancias,
                            remendando en su armonía
                            el dulce motín de la alba;   10
                            en las alas de su voz
                            penetra las nobles aulas,
                            en que el Arte, divertido
                            en imitar obras varias
                            de la gran naturaleza,
                            logra, en tarea afanada,
                            con apariencias mentidas
                            verdades acreditadas?
                            ¿Quién incita los primores?
                            ¿Quién mis destrezas aclama,   20
                            entonando, en dulces ecos,
                            que aun herido el aire guarda?

Él y música   ¡Ah del Arte y sus primores!
                            Venid a la torre, venid al alcázar.

Arte (Él solo.)   ¿A qué alcázar? ¿A qué torre
                            mis esmeros se demandan?
                            Y, si es que sacra deidad

a su perpetua morada
levanta en dobles cimientos,
techos a cuya fachada   30
rinda el cedro su eminencia
a los cortes de sus palmas.
¿Cómo fábrica tan noble
dejará de ser escasa,
si estrecheces de una torre
para su desahogo guarda?

Erudición   Como no queriendo tú,
pues solo, el arte te aclamas
hacer más de lo que el arte
debe hacer cuando se llama.   40
Si Minerva te convoca
a la fábrica gallarda
de la casa en que vincula
su riqueza literaria,
a ti te toca erigirla,
pero a mí toca plantearla,
que solo a la Erudición
deja Minerva la planta.

Arte   Luego tú, que así planteas
lo que hacer Minerva traza,   50
eres la Erudición.

Erudición   Sí.
Y la que otra vez enviada
de su deidad a retar
tus primorosas hazañas,
repite en dulces cadencias
por las calles y las plazas:

Ellaymúsica	¡Ah del Arte y sus primores! Venid a la torre, venid al alcázar en cuya obra, empeñada Minerva casa edifica y solida murallas.
Arte	Pues ya presente me tienes, a mis rendimientos manda, pues sabes que de la ciencia son las artes las esclavas. Concurra libre Minerva contigo, que obra tan alta no se puede hacer. Invita Minerva, si voluntaria sepa del regio edificio el sitio y también la planta, que ejecuciones del Arte serán eco a tus palabras.
Erudición	Sea así. Mas, ¿cómo ha de ser la fábrica imaginaria? En aquel instante mismo que mi voz te dé la traza ve fabricando en tu idea, porque así, obra tan alta, con arte yendo contigo, instantáneamente vaya intimando, tú mismo, a tus primores.
Ellaymúsica	Venid a la torre, venid al alcázar.
Arte	Pero, ¿a qué torre tu arbitrio me convida?
Erudición	A la más rara

60

70

80

que la Erudición conoce.
A aquella en cuya fachada
labró la sabiduría
los primores de su casa.
A la que, si de Minerva
es escuela literaria,   90
es también a un mismo tiempo
doble presidio de Palas,
puesto que allá, en sus recintos,
misteriosamente varia
entreteje, en un volumen,
a los ecos de la fama,
ya las hojas de las letras,
ya las hojas de las armas.
Torre, pues, tan peregrina
que se admira edificada   100
con varias defensas, siendo
en bien misteriosa gala,
un collar de mil escudos
soguilla de su garganta,
que, como regio presidio
de orden militar se aclama,
cuelga por honrosos timbres
cruces, escudos y barras.

Arte   Satisfecho de que éste es
                         el sitio de tanta casa,   110

                         saber la planta quisiera.
Erudición   Pues ésta es solo la planta
                         que de la sabia Minerva,
                         en posesiones sagradas,
                         la planta es frondosa oliva
                         en el mérito implicada.

Cimientos son sus raíces,
con humildad sepultadas.
Columnas las que, en sus troncos,
fortaleció la constancia.   120
Paredes, las que a los cielos,
alzó la fama en sus alas.
Los descansos son sus premios,
sus ascensos las escalas.
Y el tesoro de sus letras
las más preciosas alhajas.

Arte   Pues si tan ilustremente
              por ti sola fabricada
              tiene la Sabiduría
              con todo primor su casa,   130
              a qué fin, preceptos míos,
              en dulces voces se aclaman
              diciendo cuando Minerva
              intelectualmente labra.

Élymúsica   Y pues se empeña en su fábrica altiva,
              venid, venid a desempeñarla.

Erudición   Porque aunque es verdad que, como
              la erudición lo declara,
              la real casa de Minerva
              está tan bien trabajada,   140
              en el techo, la corona
              a su fábrica le falta.
              No solo porque la ciencia
              que hasta los cielos se espacia
              de sus bóvedas azules,
              por no ahogarse, se resguarda,
              sino porque Minerva es

	la que, de sus propias ramas,	
	cortando verdes coronas	
	el dorado techo labra.	150

Arte

Quizá, por eso, ella misma
moviendo hacia aquí la planta
dice, siguiendo el rumor
de la primer consonancia.

Ellaymúsica

¡Ah del Arte y sus primores!
Venid a la torre, venid al alcázar
en cuya obra, empeñada Minerva,
casa edifica y solida murallas, etcétera.

Erudición

Aquí, a tu voz obediente,
tus preceptos solo aguarda.   160

Arte

Bien, que admirado de que
tanta deidad empeñada,
artífice, manejar
rudos instrumentos trata.

Minerva

De todos, a mis intentos
solo esta sierra dorada
será cabal desempeño
manejada de mis palmas;
advirtiéndote que no es
la primera vez que, sabia,   170
manejo la aguda sierra
al corte de limpias tablas.
Y, si lo ignoras, tus dudas
la Erudición satisfaga.

Arte

¿Cómo?

14

Erudición	Como ya otra vez
	a la fábrica invocada
	de la Victoria o nave Argos,
	sólida, vagante casa
	que, en cristales de Neptuno
	echó cimientos de plata, 180
	ella misma, abochornando
	la tez de sus manos blancas,
	regó, al cortar de la sierra,
	con su sudor la montaña.
Minerva	Y si al aéreo movimiento
	de sus filos, mi constancia
	no solo docilitó
	las duras maderas vastas,
	sino que troncos que solo
	podían pulirse en tablas, 190
	a esmeros de mi trabajo,
	les di, con la voz, el alma.
	Lo mismo con esta sierra,
	que superior numen guarda
	en calurosos afanes,
	hace e hizo mi enseñanza.
Erudición	Es así, pues ella es,
	por tu diestra manejada,
	la cabeza y la corona
	de tu magnífica casa. 200
	La discreta, noble, docta
	cabeza de esta sagrada,
	de redentores héroes
	noble, militar escuadra,
	el siempre ilustre Fernando,

cuya florida prosapia
toda la nobleza encierra,
con la sierra de sus armas.

Minerva   Sierra en cuya limpia tez,
en cuya hoja acicalada,   210
se ven de su excelso ingenio
perfecciones literarias.
Pues, águila con los picos
del que acero la acicala,
para llevar de los cedros
las dulces médulas sabias,
la solidez y agudeza
individuamente hermana.

Erudición   Sierra, en que si ya de Astrea
penden las rectas balanzas,   220
juez ya, a los merecedores,
aserrando dignas palmas
o ya cortando los bríos
de armónicas arrogancias,
logra el renombre de recta,
con la madurez tarda.

Arte   Mi cortedad, la altitud
de esos renombres no alcanza,
que los discursos, no al arte,
sino a la ciencia se guarda.   230
Y, a lo de artífice rudo,
solo diré en frases claras
que las torres en que
esta fábrica se traza,
admita, en debido obsequio,
lo que el rendimiento labra.

Erudición	No olvidando, como debe,
	la discreta índole amada
	del Ácates, a quien ha
	secretos que el pecho guarda.

240

Arte	Conque por lo que a mí toca...

Minerva	No prosigas, que aún te falta.
	Que acabar mi desempeño,
	pues aun todavía empeñada
	me contemplo en el festejo.
	Y, pues, tú, Arte te aclamas,
	y hasta lo cómico extiendes
	tus preceptos y observancias,
	te empeño a que en el teatro
	pintes de otra casa el mapa.

250

Arte	Y ¿qué cómico empeño es?

Erudición	Los empeños de una casa,
	asunto en que, hermoso Fénix,
	la más singular Joanna
	puso en teatro a competencias
	la discreción y la gracia.

Arte	Yo lo ofrezco porque así,
	en acorde consonancia,
	sean los empeños unos,
	aunque distintas las casas.

260

Minerva	Y nosotros lo aceptamos
	cuando para ejecutarla,
	con el acierto que tan

grave congreso demanda
al recto, suave compás
de la primer asonancia,
de nuevo empeñando al Arte
decimos en voces varias:

Todosymúsica   ¡Ah del Arte y sus primores!
Venid a la torre, venid al alcázar   270
en cuya obra, empeñada Minerva,
casa fabrica y solida murallas:
y, pues se empeña en su fábrica altiva,
venid, venid a desempeñarla.

Fin

Libros a la carta

A la carta es un servicio especializado para
empresas,
  librerías,
  bibliotecas,
  editoriales
  y centros de enseñanza;
  y permite confeccionar libros que, por su formato y concepción, sirven a los propósitos más específicos de estas instituciones.

Las empresas nos encargan ediciones personalizadas para marketing editorial o para regalos institucionales. Y los interesados solicitan, a título personal, ediciones antiguas, o no disponibles en el mercado; y las acompañan con notas y comentarios críticos.

Las ediciones tienen como apoyo un libro de estilo con todo tipo de referencias sobre los criterios de tratamiento tipográfico aplicados a nuestros libros que puede ser consultado en Linkgua-ediciones.com.

Linkgua edita por encargo diferentes versiones de una misma obra con distintos tratamientos ortotipográficos (actualizaciones de carácter divulgativo de un clásico, o versiones estrictamente fieles a la edición original de referencia).

Este servicio de ediciones a la carta le permitirá, si usted se dedica a la enseñanza, tener una forma de hacer pública su interpretación de un texto y, sobre una versión digitalizada «base», usted podrá introducir interpretaciones del texto fuente. Es un tópico que los profesores denuncien en clase los desmanes de una edición, o vayan comentando errores de interpretación de un texto y esta es una solución útil a esa necesidad del mundo académico.

Asimismo publicamos de manera sistemática, en un mismo catálogo, tesis doctorales y actas de congresos académicos, que son distribuidas a través de nuestra Web.

El servicio de «libros a la carta» funciona de dos formas.

1. Tenemos un fondo de libros digitalizados que usted puede personalizar en tiradas de al menos cinco ejemplares. Estas personalizaciones pueden ser de todo tipo: añadir notas de clase para uso de un grupo de

estudiantes, introducir logos corporativos para uso con fines de marketing empresarial, etc. etc.

2. Buscamos libros descatalogados de otras editoriales y los reeditamos en tiradas cortas a petición de un cliente.

www.ingramcontent.com/pod-product-compliance
Lightning Source LLC
Chambersburg PA
CBHW020451030426
42337CB00014B/1495